OBSERVATIONS

SUR

QUELQUES DISPOSITIONS

Du premier Rapport fait, au nom de la Commission centrale, sur le Budget de 1816.

Par ARMAND SÉGUIN.

A PARIS,

Imprimerie de P. GUEFFIER, rue Guénégaud.

———

MARS 1816.

OBSERVATIONS

QUELQUES DISPOSITIONS

*Du premier Rapport fait, au nom de la Com-
mission centrale, sur le Budget de 1816.*

MALGRÉ l'existence incontestable de la loi du
23 septembre, sans même en solliciter le rapport
dans la forme qui serait la seule régulière et possible, la Commission considère cette loi comme
non-avenue.

Si cette marche n'est pas la plus conforme aux
principes de la Charte, elle est au moins la plus
expéditive.

Prenant, pour point de départ, ce premier résultat, la commission propose de rembourser en
inscriptions sur le grand-livre, non-seulement la
totalité de l'arriéré, qu'elle évalue à 500 millions,
mais encore les 100 millions de la taxe extraor-
dinaire du 16 août.

Ajoutant à ces 30 millions de rente, six millions que la commission propose de mettre à la

disposition du ministre des finances, pour cas imprévus, l'augmentation de la dette publique serait de 36 millions de rente.

« La loi du 25 septembre, dit la commission, » se trouve rapportée par la nature des choses. »

Mes faibles lumières ne pouvant me permettre de concevoir une telle proposition, je n'entreprendrai pas de la discuter. D'autres, plus habiles, et moins resserrés dans leur cadre, le feront, certainement, avec avantage.

Je me bornerai à déplorer les conséquences funestes qu'entraînerait, nécessairement, un exemple de ce genre.

Ne pourrait-il pas faire naître plus ou moins de doute, plus ou moins d'inquiétude, sur l'existence de lois qu'on considère, à juste titre, comme la garantie du respect dû aux propriétés ? De telles inquiétudes, en ne les supposant même pas trèsbien fondées, ne seraient-elles pas au moins excusables ? Dans tous les cas, leurs conséquences directes n'en seraient-elles pas aussi préjudiciables qu'inévitables ? Personne n'aime, et ne s'expose, à se fonder et à bâtir sur un sable mouvant.

Un particulier qui, d'après le cours des immeubles, aurait hypothéqué les siens pour une somme quelconque, serait-il recevable, lorsque ce cours se trouverait moins élevé , de contester la nature de son obligation , sur le prétexte que la dépréciation rend le gage insuffisant ? Pourrait-il légalement dire : Par ce seul fait, tout sera entre nous comme non-avenu ; cependant, comme je veux me libérer, je vous ferai délivrer, comme payement définitif, une valeur que vous ne pourrez réaliser qu'avec perte de 40 pour 100 au moins ; donnez-moi donc quittance de la totalité de votre créance ; je reprends mes biens ; je les destine à d'autres besoins. Je ne puis mieux faire. » Devant la nécessité, » tout est forcé de céder. »

Mais admettons , pour un instant , que la loi du 25 septembre n'ait jamais existé.

Dans ce cas, la première base d'examen devrait être celle-ci : Qu'a-t-on promis comme payement dans les conventions et dans les traités originaires ? Des écus. Serait-ce remplir ce premier engagement synallagmatique, que de donner au créancier une valeur qu'il ne pourrait réaliser en écus qu'avec une perte d'au moins 40 pour 100 ? A-t-on la faculté, a-t-on mission , a-t-on le droit (c'est un doute qu'on ne présente qu'avec déférence) de dénaturer ainsi les conventions primitives ? Qu'on ne paye pas, si l'on n'a pas la possibilité de le faire : à l'impossible nul n'est tenu ; mais, si l'on veut payer, qu'on ne dénature pas, sans le consentement du créancier, le mode de payement convenu, et que le net produit du payement ne soit qu'un à-compte à valoir sur son complément ajourné.

Pour arriver à ce payement, dans la supposition » du rapport de la loi du 23 septembre, par la » seule nature des choses », la commission fait à la Chambre cette question :

« Que devez-vous faire, Messieurs, à l'égard » de l'arriéré, dans la situation actuelle de la » France ? »

« Ce que vous devez faire, c'est ce qui est pos- » sible : devant la nécessité, tout est forcé de » céder. »

Il y a nécessité ! il y a indispensabilité !

Il n'y a de nécessité, il n'y a d'indispensabilité absolues, que là où, comme naguères, il n'existe de réclamation possible que l'obéissance.

La raison et la justice peuvent, dans certaines positions, avoir nécessité, indispensabilité même, de ne rien faire ; jamais elles ne peuvent consciencieusement, quelles que soient les circonstances, avoir nécessité, encore moins indispensabilité de mal faire ; de faire ce qu'elles savent bien être contraire à la délicatesse ; de ne payer que partiellement, en acquérant la preuve durable d'un payement complet ; de prétendre jouir de la plénitude des honneurs et des avantages de la probité et de la loyauté, en les restreignant, dans leur application, à une portion des devoirs qu'elles imposent ; d'éteindre la totalité de leurs engagemens avec une valeur dont la réalisation ne peut jamais en balancer l'importance ; de vouloir enfin, en raison de leur puissance, qui les met hors d'atteinte, et les rend, dans leur propre cause, juges et parties, avoir plus de droit que n'en aurait, aux yeux des lois de l'Etat, aux yeux surtout de l'équité, qui doit être la première de toutes les lois, même pour le pouvoir, tout simple particulier qui se trouverait dans une semblable situation. Pour elles il peut, à la rigueur, y avoir nécessité, indispensabilité de ne pas se libérer sur le champ, et de reculer cette libération ; jamais il ne peut y en avoir de proclamer, sérieusement, qu'on se libère en totalité par un acquittement partiel.

Si des circonstances difficiles pouvaient servir au gouvernement de prétexte pour une injustice légalisée, ces chances ne se renouvelant, malheureusement, que trop souvent chaque siècle, sur quelle stabilité aucune fortune particulière pourroit-elle s'asseoir ?

Quoique les résultats de ces principes ne soient pas présentés, dans le rapport, en faveur des créanciers de l'arriéré et de l'emprunt de cent millions, on ne peut reprocher à la commission de les avoir méconnus ; cette justice à lui rendre doit se déduire de ce qui est dit dans ce rapport, relativement aux biens des communes.

« S'il était vrai, dit le rapport, ce que nous
» sommes bien loin de croire, qu'il fût avanta-
» geux aux communes de transformer les biens-
» fonds qui leur restent en rentes sur l'État, il
» faudroit acquérir les rentes pour elles au cours,
» et non au pair. »

Ce serait d'abord une question de savoir, si ce principe, vrai en soi, ne pourrait pas éprouver quelque modification par la situation financière des communes, qui leur fait presque nécessairement immobiliser toute valeur dont l'essence est d'être mobiliaire, et qui, par suite, reporte leur véritable intérêt sur la quotité et l'exactitude du revenu.

Mais, enfin, si l'on admet, sans restriction, ce principe pour les communes, à bien plus forte raison devrait-on l'appliquer à tout mode de payement en rente fait au profit de tous autres créanciers de l'État, qui ne sont pas, comme les communes, forcés de restreindre leur faculté d'user, avec toute latitude, de la propriété mobiliaire des rentes.

Cependant on lit dans le rapport :

« La majorité de votre commission a pensé » que la consolidation pure et simple des créances » arriérées était une mesure impérieusement com- » mandée par notre position. »

Un peu auparavant, on y lit :

« La perte des cinq pour cent consolidés est, » dans ce moment, de près de quarante pour » cent. »

Que peut-on conclure de cette différence d'application du même principe ? Qu'en général, lorsqu'on cherche avec bonne foi la vérité, il est beaucoup plus rare d'être discordans sur les principes que sur leur application ; que, par suite de l'imperfection humaine, chaque individu a son genre de capitulation de conscience ; et que voilà pourquoi très-souvent, en partant des mêmes bases, on arrive à des résultats diamétralement opposés.

De telles nuances sont même quelquefois sensibles dans des décisions relatives à des objets sur lesquels il devrait y avoir cependant parité.

Cette réflexion se trouve applicable à la mesure qui concerne l'emprunt des 100 millions.

On convient, dans le rapport, relativement à cet emprunt,

« Que la précipitation inséparable du mo-
» ment d'une opération qu'aucun travail anté-
» rieur n'avait préparée ne pouvait qu'amener des
» résultats entièrement vicieux. »

On ajoute, dans un autre endroit :

« Les Français ont fait preuve, dans cette cir-
» constance, d'un dévouement qui mérite d'être
» remarqué. »

Et, cependant, quelle différence n'existerait-il pas, entre le sort des prêteurs, et celui des contribuables qu'on n'a pas imposés! Les premiers perdraient, d'abord, au moins quarante pour cent de leurs déboursés, et placeraient le restant à fonds perdus. Les seconds ne perdraient rien, et ne payeraient réellement qu'un intérêt viager au taux de tout intérêt perpétuel.

Le gouvernement, dans le plan du rapport, se trouverait, par l'entremise de la caisse d'amortissement, libéré des 600 millions qu'il avoue devoir, avec un déboursé de 360 millions au plus. Il y aurait donc bénéfice pour lui de 240 millions, et perte pour les créanciers de l'arriéré d'une égale

somme ; ce qui indubitablement consommerait
la ruine de la plupart d'entre eux. Mais qu'impor-
terait, au surplus, ce mal pécuniaire, s'il était fondé
sur la justice? Le sang-froid de l'indifférence fait
souvent répéter : quand l'un s'appauvrit, l'autre
s'enrichit, et bien promptement le niveau s'établit.
Le changement, le déplacement des fortunes, peut,
à la vérité, être, en soi, peu de chose pour l'intérêt général de la société prise en masse, lorsqu'ils
résultent d'une circonstance naturelle; mais, lorsqu'ils sont l'effet d'une mesure que semblent ré-
prouver la justice et l'équité, le mal qui en dérive
prend, à la fois, sa source, et dans ceux qui sont
atteints, et dans ceux qui ne le sont pas directe-
ment. On blâme son voisin, en disant, c'est sa
faute, pourquoi s'y est-il exposé ; mais, en même
temps, on se promet bien, soi, d'être, ou plus cir-
conspect, ou plus prévoyant ; et, dès-lors, ou l'on
s'isole, ou l'on fait payer bien chèrement tout
genre de rapprochement.

En général, dans de semblables positions, les
jugemens intérieurs des consciences peuvent se
trouver concentrés par des sentimens de respect,
mais, tôt ou tard, leur influence se fait sentir, par
les résultats généraux qui en dérivent. C'est bien
en ce sens que la réunion de faibles tiges constitue
un véritable faisceau, bien difficile à courber.

Et c'est après avoir proposé des mesures qui peuvent produire de tels résultats, qu'on dit dans le rapport :

« Une administration sage, des ressources
» proportionnées à tous les besoins du trésor,
» une caisse d'amortissement convenablement
» dotée et indépendante, nous ont paru propres
» à améliorer promptement le cours des effets
» publics. »

Une amélioration dans les fonds publics, après une telle infraction à des principes d'autant plus respectables, d'autant plus sacrés, qu'ils sont bien certainement invariables pour le Monarque chéri qui les a fait proclamer ! Les personnes de bonne foi qui la prophétisent, oseraient-elles la garantir? Qui serait assez sûr de ses présomptions, à cet égard, pour, recevant même une prime d'assurance très-forte, s'engager à dédommager les personnes confiantes en de si périlleuses paroles, et celles qui, par dévouement, tenteraient encore de nouveaux efforts ?

Ces difficultés sont trop importantes pour être résolues par des espoirs peu probables.

On lit à ce sujet dans le rapport :

« Le sort des créanciers se trouvera, comme
» celui de tous les autres propriétaires, uni au

» sort de la fortune publique ; ils seront intéres-
» sés, avec tous les Français, au crédit de l'Etat,
» et à la prospérité générale dont il dépend. »

Pour que ce raisonnement, supposé même complètement inattaquable, eût un résultat conforme à celui qu'on imagine, il faudrait que tous les créanciers de l'Etat conservassent leurs rentes ; il faudrait qu'après une perte de quarante pour cent sur ce qu'ils reçoivent, ils eussent assez de fonds dans leurs portefeuilles pour que la rentrée de soixante pour cent ne fût nullement utile à leur circulation ; il faudrait même que, supposant ce dernier cas, ils ne trouvassent pas, dans leur industrie, un avantage plus considérable que ne l'est celui que rencontrent, dans la possession des rentes, les personnes qui ont pour principal but de se débarrasser des tracas et des risques des renouvellemens de placement.

Que de conditions à remplir, et combien, dans l'espèce, elles sont hors de toutes les chances de probabilité. Loin que les créanciers de l'arriéré s'unissent, après un tel genre de libération, au sort de la fortune publique, ils chercheront au contraire, malheureusement, d'autant plus à s'en séparer, qu'ils auront été plus maltraités, et, dès-lors, ils contribueront, par leurs dispositions presqu'unanimes, à la détérioration de cette même fortune publique.

« Enfin il ne faut pas perdre de vue, dit encore
» le rapport, que les créanciers auront une rente
» exempte de contribution, quoique tout revenu
» soit de sa nature imposable; cet avantage peut
» compenser une perte qui peut chaque jour s'a-
» doucir. »

Ce résultat ne serait vrai qu'autant que les créanciers conserveraient leurs inscriptions, ce qui est d'autant moins probable, que, en ne les supposant pas forts capitalistes, ils auront besoin de leur actif, considérablement diminué, et qu'en les supposant capitalistes, ils n'auront besoin, ni d'avis, ni de conseils, pour faire ce que leur intérêt leur dicterait de faire, avec leurs capitaux, si le débiteur, au lieu d'en faire emploi contre leur gré, ou sans leur consentement, les leur remettait en nature.

Dans notre ordre de civilisation, il n'est plus personne, même parmi les êtres dont la conception est la plus bornée, qui, en fait d'intérêt, se laisse abuser par des mots. Qu'un débiteur dise qu'il ne peut pas payer, le créancier, quel qu'il soit, n'aura, sur ce langage, aucune équivoque, et, s'il est convaincu de la véracité de la déclaration, il tâchera de diminuer ce mal indispensable, en cherchant à améliorer la position de son débiteur de bonne foi , afin de lui voir rétablir ses moyens de libération. Mais , si le même débiteur prétend payer en totalité, en n'acquittant qu'une portion de sa dette, chacun, sans aucune exception, se dira , au moins intérieurement, ce n'est ni juste ni vrai. On nous donne une portion, on nous fait perdre une autre portion, il y a donc, dans l'ensemble du payement , déficit d'autant.

En vain , à défaut de meilleur moyen , voudrait-on se rejeter , par des déclamations, sur la nature d'une partie des créances qui composent l'arriéré. Ces déclamations ont nécessairement pour limite l'effectuation des liquidations. La surveillance, la méfiance même, qui doivent présider à l'examen des principes et des bases de ces créances, doivent faire disparaître toute inquiétude , et tout soupçon, relativement à celles qui demeureront constantes et reconnues. Dès ce moment elles devront être rangées dans la première classe de légitimité , et être sacrées par cela seule qu'elles ne pourront plus être contestables.

Dans les pays où l'on peut compter sur la fidélité des engagemens du gouvernement , on se contente de bénéfices médiocres, parce que la masse des affaires les rend importans, et parce qu'on ne craint pas de les voir affaiblis par une liquidation indéfinie.

Dans les gouvernemens où les engagemens ne sont pas sacrés, les bénéfices, quelqu'énormes qu'ils puissent être, ne sont jamais assez considérables pour balancer le système et les reliquats des comptes classés dans l'arriéré. Trop heureux encore, si, après s'être bien tourmenté, on ne finit pas, en supposant qu'on ait commencé avec quelque chose, par n'y pas mettre du sien.

Dans de tels cas, on ne doit plus trouver, comme traitans, que des gens qui, n'ayant rien à risquer, et ne voyant aucun honneur à acquérir, n'ont pour but que de vivre sur l'essence de la chose, pendant sa durée. Le résultat final, dans leur combinaison, les embarrasse peu, parce que le mal qui en peut provenir ne doit rejaillir que sur ceux qui ont été assez crédules pour compter sur leur bonne foi, ou sur les appâts dont il les ont leurrés.

A ces premières réflexions on pourroit en joindre bien d'autres moins directes ; mais, craignant d'abuser de la patience de mes lecteurs, et pressé d'ailleurs par le temps, je les écarterai, à l'exception cependant d'une seule qui me semble mériter une très-sérieuse attention.

Les puissances alliées, en adoptant, comme garantie et comme payement, pour elles et pour leurs
sujets, lors du traité du 20 novembre, des rentes
sur l'Etat, ont dû, nécessairement, fonder leurs
chances possibles sur l'existence de la loi du
23 septembre, qui ne laissait que peu d'incer-
titude sur le mode de payement de la totalité
de la dette. Eussent-elles accédé aux mêmes
conditions, si l'émission, aujourd'hui projettée,
avait été supposée par elles à cette époque?
n'auroient-elles pas exigé des garanties, soit d'un
autre genre, soit plus considérables? n'auroient-
elles pas été effrayées de la dépréciation possible,
pour ne pas dire probable, d'une si grande masse
de nouveaux effets? Auraient-elles voulu courir
la chance de cette dépréciation, hors de tout calcul
raisonnable, en acceptant leurs payemens à un taux
fixe et assez élevé, auquel elles n'ont accédé que
d'après leur croyance dans la stabilité des mesures
légales prises par le gouvernement envers ses
créanciers antérieurs, et consenties par ces mêmes
créanciers, par suite de l'entame d'exécution?

Les étrangers, séduits par la nature, le peu
d'importance et le cours de notre dette publique,
comparée à celle des autres puissances de l'Europe;
par le respect qu'a pour elle notre gouvernement; par l'espoir, plus que probable, sans nova-

tion, de son amélioration graduelle ; et par la position matérielle des changes, n'auraient-ils pas, promptement, dans leur intérêt pécuniaire bien entendu, j'oserais même dire, dans leur intérêt politique, amené chez nous une partie de leurs fonds disponibles ? Cet espoir qui, dans l'ordre des probabilités non-inffuencées, n'aurait dû avoir d'autre limite que l'équilibre des placemens comparatifs sur chacune des places commerçantes, ne commençoit-il pas déjà à se réaliser ? N'aurait-il pas encore été puissamment secondé par la nature et par le taux du mode de payement inséré dans les traités ?

Ces questions, d'une importance, sans doute, majeure, ne seraient-elles pas venues à la pensée du gouvernement ! Ne les aurait-il pas pesées dans sa sagesse ! Sa détermination n'aurait-elle pas été le résultat des réflexions qu'elles lui auraient suggérées !

Certes, il n'appartient pas à un simple sujet soumis, respectueux et dévoué, d'élever si haut ses regards.

Mais, puisque le Roi persiste dans le plan qu'il a approuvé, il faut bien que ses raisons soient puissantes ; je dirais même, autant par conviction que par raisonnement, infaillibles.

ARMAND SÉGUIN.